STILL LIFE / QUIETUD

Poemas de Robert Archer

Traducciones de Héctor Arnau

COLECCIÓN ITES

STILL LIFE / QUIETUD

© Robert Archer
© Traductor: Héctor Arnau
© Imagen de cubierta: *Bodegón (1645-1650)* del pintor valenciano Tomás Yepes (Museu d'Art de Catalunya)
© de esta edición: Olé Libros, 2024

ISBN: 978-84-10053-27-4
Depósito legal: V-1303-2024
Impreso en España

KALOSINI, S. L.
Grupo editorial **olélibros**
equipo@olelibros.com
www.olelibros.com

"Poetry is the spontaneous overflow of powerful feelings; it takes its origin from emotion recollected in tranquillity".

La poesía es el desbordamiento de sentimientos poderosos;
se origina en la emoción recordada desde la quietud.

WILLIAM WORDSWORTH, *LYRICAL BALLADS*.

"Pure contemplation, absorption in perception, being lost in the object: [...] inward disposition, predominance of knowing over willing, can bring about this state in any environment. This is shown by those admirable Dutchmen who directed such purely objective perception to the most insignificant objects, and set up a lasting monument of their objectivity and spiritual peace in paintings of still life."

La contemplación pura, un quedar absorbido en la intuición, perderse en el objeto: [...] el ánimo interior, el predominio del conocer sobre el querer, pueden provocar ese estado en cualquier entorno. Esto nos lo muestran aquellos eximios holandeses que dirigieron tal intuición puramente objetiva hacia los objetos más insignificantes y erigieron un monumento perdurable a su objetividad y paz de espíritu en las pinturas de bodegones.

ARTHUR SCHOPENHAUER,
EL MUNDO COMO VOLUNTAD Y REPRESENTACIÓN.

NOTA PREVIA

Casi todos estos poemas, en su versión original en inglés, se han comentado en las reuniones del grupo poético Stanza Alacant, que promueve desde hace años Christopher North. Agradezco a Christopher y a los demás miembros del taller sus observaciones, su apoyo y su amistad, y quisiera recordar especialmente las aportaciones brillantes del añorado Rod Davis, que nos dejó en 2022.

Me considero afortunado al haber encontrado tan excelente traductor como es Héctor Arnau, cuyos extensos conocimientos del inglés y fino oído poético han sido fundamentales para llevar este libro a buen puerto.

El lector encontrará al final del volumen unas breves notas con las que he querido aclarar el contexto en que se escribieron algunos de los poemas.

R. A.

STILL LIFE

*The still-life [Stillleben] graphically describes [...] the calm,
tranquil, will-free frame of mind of the artist which was necessary
for contemplating such insignificant things so objectively...*

SCHOPENHAUER

The gallery must be traversed entire
before you get there. The scenes of battle first:
the posturing victors, a defeated
hero draped with his flag over fallen
comrades betrayed by his too righteous zeal.
Packed scenes come next of ancient reachings-out

and overreachings: the desperate girl
who holds out branches where pale arms had been,
a young man tumbling with his wings of wax
into the sea, a homebound warrior
strapped to the mast as shipmates plug their ears,
confiding late revenge to winds and gods.

Next door, those throbbing colours in the brushwork
easily could stir the smothered yearning
for sweep of thigh and milky swell of breast.
A few steps more to reach the unassuming
room you came for: seventeenth century Dutch
still-lifes, admired by the philosopher,

small-scale oils painted in tranquillity
that contemplate the insignificant,
flanked by unambitious landscape pictures.

Suddenly there's stillness: here a single
vase of flowers, their blues and reds and purples
muted by the lowland light and backdrop

of sombre green. Another shows late figs
and grapes, carefully placed but not displayed.
More frames show hunters' spoils, but without hint
of blood or pain, no more than this cook's table
loaded with lobster and great hams. Others
show moths and sea-shells juxtaposed, or cheeses

piled alongside scattered nuts, a pewter jug
of wine, a glass half filled, or vegetables
arranged with meticulous lack of care.
There's fish, of course, with lemons shipped from Spain,
a kitchen bowl beside a green glass dish
propped up by heavy pleats of Persian rug.

Each composition draws you gently in,
and makes you momentarily at one
with the artist, immersed in the other
world he has created, where restlessness
and striving and desire do not exist,
and you're just will-less knowing, beyond the self.

Stillleben, "still life": an unintended
existential pun, a special place where
life and quietness briefly can be reconciled.

BODEGÓN

Hay que recorrer toda la galería
para llegar hasta ella. Primero, las escenas bélicas:
los hieráticos vencedores, el héroe derrotado
cubierto con una bandera junto a
los camaradas traicionados por su propio celo.
A continuación, escenas antiquísimas,

el excesivo acercamiento: la chica desesperada
que extiende sus ramas, antes cálidos brazos,
un joven que se precipita con sus alas de cera
en el mar, un guerrero de vuelta al hogar,
atado al mástil mientras sus compañeros se tapan los oídos
confiando en la venganza posterior de dioses y vientos.

En la sala de al lado, esos colores vibrantes en la pincelada
podrían fácilmente despertar el sofocado anhelo
por el asomo del muslo y la turgencia láctea del pecho.
Unos pocos pasos más para llegar hasta la modesta
sala que has venido a buscar: bodegones holandeses del siglo XVII,
naturalezas muertas, admiradas por el filósofo,

óleos a pequeña escala pintados con sosiego
que contemplan lo insignificante,
· flanqueados por cuadros de paisajes sin más pretensiones.

De repente, la quietud: un solo
jarrón de flores, sus azules, rojos y morados
apagados por la luz de las tierras bajas y el telón de fondo

de un verde sombrío. Otro muestra, cuidadosamente
dispuestos pero no expuestos, higos tardíos y racimos de uva.
Otros marcos ostentan los despojos de alguna cacería, pero sin indicios
de sangre o dolor, no más que esta mesa de cocina
repleta de langostas y enormes patas de jamón. Otros
presentan polillas y conchas marinas yuxtapuestas, o quesos

apilados junto a frutos secos esparcidos, una jarra de peltre
que contiene vino, un vaso a medio llenar, o verduras
colocadas con minuciosa despreocupación.
Hay pescado, por supuesto, con limones procedentes de España,
un cuenco de cocina junto a un plato de cristal verde
apuntalado por los pesados pliegues de una alfombra persa.

Cada una de las composiciones nos cautiva
con delicadeza, y por un momento nos aúna
con el artista, inmerso en ese otro mundo
que ha creado, donde la inquietud
y el esfuerzo y el deseo no existen,
solo un saber sin voluntad, más allá del yo.

Stillleben, «vida quieta»: el bodegón hecho juego
de palabras, un lugar especial donde brevemente
vida y calma se reconcilian.

LAND

A village beauty-spot. Two spreading plane-trees
(genus: *ibericus*) hard by the river's edge.
Leaf-shuttered light. Gravelled wash of water
scraping the boulders that rolled off the hill
before there were men or pines or brambles,
pushing a sluggish course between the curse
of canes that slowly choke abandoned banks,
abetted by the reservoir upstream
built to hold back water for the fertile fields.

Another people, half-forgotten now,
driven out short centuries ago, surely
knew this place. They carved these steps into the slopes,
built their settlement with squares and narrow streets.
Muezzin-calls echoed here, gave small respite
from toil, from the relentlessness of birth
and burial, summer's swelter, winter's dark,
the sleepless burden of the tithes.
                                    No room then
for nature's loveliness, not without a crop.

TIERRA

Un hermosísimo rincón en este pueblo. Dos frondosos plataneros
(género *ibericus*) junto a la orilla del río.
La luz tamizada por sus hojas. Una corriente de agua y gravilla
raspando los cantos rodados de la colina
desde antes de que hubiera hombres, pinos o zarzas,
empujando un curso perezoso entre el renegar
de las cañas que ahogan lentamente las orillas abandonadas,
con la ayuda de la presa de aguas arriba
construida para retener el riego de los fértiles campos.

Otras gentes, medio olvidadas ahora,
expulsadas hace ya algunos siglos, seguramente
conocían este lugar. Cavaron estos bancales en las laderas,
construyeron su poblado con plazas y calles estrechas.
Las llamadas del muecín resonaban aquí, dando escaso respiro
ante el trabajo, ante el incesante frenesí de entierros
y nacimientos, el bochorno en verano, la oscuridad del invierno,
la carga insomne de los diezmos.
        No era lugar pues para las bondades de la naturaleza,
no al menos sin una buena cosecha.

Abandoned

(Expulsion of the Moriscos of Alto Palancia,
Moncófar beach, 1610)

Father said that when the moment came to go
they turned their backs, just left it all behind.
"Our centuries on centuries of toil, he said,

that pushed back holm-oak, pine and shrub,
that silenced for ever the wolf and bear,
laid out our village with its squares,

the close-curved streets, its tower and mosque,
the studied geography of light and shade
and overhang – just left it all behind –

and honeying bees that murmured round the hives,
the swollen udders of our herded goats,
the taut dogs straining at the leash."

They'd left the gush and bubble of the waters
channelled from their rising in the endless
spring to slake the thirst of every root

and plump the grains and orchard fruits,
or swill round plots of gourd and bean,
oozing to vine and fig and carob-tree,

the ancient olives spaced and pruned,
or stands of cane that rattle in the wind,
the mulberries with their silk-secreting worms ...

15

I'd never seen my father weep before.
He knelt there at my feet and clasped my hands
while I just stared in wonder at the teeming shore,

at hills and valleys emptied of our folk,
the rolled-up bundles with the flotsam of a life,
the pitching galleons fed by many boats.

And me, with my new clothes, new family,
Old Christians but kind. I can't remember now
the moment when my parents turned their backs

and walked away to join my kin, just left
me behind for ever, here in the arms
of *Lela Marién*, who let this happen.

Abandono

(Expulsión de los moriscos del Alto Palancia,
playa de Moncófar, 1610)

Dijo padre que cuando llegó la hora de partir
ya no miraron atrás, lo dejaron todo.
«Siglos y siglos de esfuerzo nuestro, dijo,

doblegando a la encina, al pino y al arbusto,
acallando por siempre a lobos y a osos,
delineando nuestro pueblo con sus plazas,

las callejuelas en curva, sus torres, su mezquita,
la estudiada geografía de la luz y de la sombra
y los voladizos —lo dejaron todo—,

y las abejas melíferas murmurando en las colmenas,
las ubres llenas de nuestras cabras domesticadas,
los perros alerta tensando las correas».

Abandonaron el borboteo de las aguas,
canalizadas desde su nacimiento en el manantial
eterno para saciar la sed de cada raíz,

hinchar los cereales y los frutos del huerto
o regar las parcelas de calabazas, de judías,
esponjando la higuera, el algarrobo, los viñedos,

los antiguos olivos, podados, en fila,
o los rodales de caña traqueteando al viento,
las moreras con sus gusanos secretores de seda...

Nunca había visto llorar a mi padre.
Se arrodilló a mis pies y me estrechó las manos
mientras yo, asombrada, observaba la multitud en la costa,

los montes, los valles despoblados de nuestra gente,
los fardos enrollados con los despojos de una vida,
los galeones cabeceando, alimentados por muchos botes.

Y yo, con mi ropa nueva, con mi nueva familia,
cristianos viejos pero buena gente. No puedo recordar ahora
el momento en que mis padres me dieron la espalda

y se alejaron para reunirse con los míos, tan solo sé
que me dejaron atrás para siempre, aquí en los brazos
de *Lela Marién*, que permitió que esto sucediera.

St John Pears

All year neglected orchards creak with fruit:
the oranges that slowly swell and colour
into ripeness, some harvested but most
abandoned, persimmons for instance, still
upon their leafless boughs like Chinese lanterns,
or shrivelled medlars left to droop and drop.
Only the fleeting cherries are unscorned,
or winter's olives thrashed off onto sailcloth.

These scant and tiny pears come to fullness
early summer, a sudden solstice-crop
that shortly after starts its quick decay
and loosening from the branch, then falls onto
its bed of rotting leaves.
                              You should have picked them
soon as glimpsed in their first flush of pink, have gorged
on their crisp sweetness, before you passed the point,
yet one more year, the days began to shrink.

Pericas de San Juan

Todo el año los huertos descuidados crepitan con sus frutos:
las naranjas que lentamente van engordando, adquiriendo color
con la madurez, algunas recolectadas pero la mayoría
intactas, los caquis, por ejemplo, engalanados
sobre sus ramas sin hojas como linternas chinas,
o los arrugados nísperos abandonados a su suerte.
Solo las efímeras cerezas merecen interés
o las aceitunas del invierno, vertidas sobre las lonas.

Estas escasas y diminutas peras llegan a la plenitud
a principios del verano, una repentina cosecha de solsticio
que pronto persevera en su veloz decadencia
y se desprende de la rama, para luego caer en
su lecho de hojas podridas.
     Hay que recogerlas
tan pronto como se vislumbran en su primer brote rosado,
atiborrarse de ellas en su crujiente dulzura, antes de llegar a ese punto,
un año más, en que los días también empiecen a declinar.

WILD ASPARAGUS

The trick's in spotting them amidst exploding
growth in untended slopes and riverbanks
as they offer up their succulent green stems.
Fellow villagers will cast the native eye
with scarcely a thought, foraging fistfuls.
There are other plants aplenty I can't miss:
this spring's clumps of rosemary, scrubby thyme,
the pungent lancets of the flowering sage.

Sparrow-grass, though – that's a different matter.
Absentmindedness must surely take the blame,
distractions from the simple task in hand
because brain plots a path across the tangled
tracts of its own making, and kicks its way
through clumps of thought with hope of a beginning
or an end. And it stumbles all too seldom
on those precious shoots that nestle in the weeds.

Espárragos trigueros

El truco está en detectarlos en la exuberante
espesura, en laderas, en riberas desatendidas,
mientras muestran sus tallos verdes, suculentos.
Las gentes del pueblo les echan el ojo, certeros,
sin apenas pensarlo, a puñados, prestos a recogerlos.
Hay plantas, abundantes, que no me pasan inadvertidas:
el matorral de tomillo, los racimos primaverales de romero,
las lancetas punzantes de la salvia en flor.

Otro asunto, sin embargo, son esos espárragos trigueros.
Podríamos culpar al descuido, al ensimismamiento,
la mera distracción en la tarea en liza,
pues la mente trama intrincados senderos
de su propia creación, y se abre paso con fuerte pisada
a través de pensamientos con la esperanza de un principio
o de un final, al menos. Y rara vez tropieza con los preciosos brotes
que quizá estén acurrucándose entre la maleza.

NIGHT WALK

For Víctor Labrado and family

The drought had turned our hill-top track to dust.
A full moon, riding on a wisp of cloud,
bestowed its aqueous benignity
upon the plain below.
                    We trod without a sound,
just crickets whirring in the olive-trees,
or fidgety paws that strained at leash in hope
of snatching birds or rabbits;
                            sandals shuffling,
a powdery bloom swirling at our feet.

What strange communion kept us quiet,
so not a whisper issued from our star-sealed lips,
and every thought stood still in dumb respect,
cowered by the charcoal shades of rocks and trees,
as if the ancient landscape sent us at its will
to wander through those silent groves and moonlit fields?

Paseo nocturno

A Víctor Labrado y familia

La sequía había convertido en polvo nuestro camino hacia la cima.
Una luna llena, cabalgando sobre jirones de nubes,
otorgaba su acuosa bondad
sobre la llanura de allá abajo.
                            Caminábamos sin ruido,
solo grillos que rechinaban en los olivos,
o patas inquietas que tensaban la correa con la esperanza
de atrapar algún pájaro, algún conejo;
                                    o sandalias arrastrándose,
pétalos de polvo arremolinados a nuestros pies.

¿Qué extraña comunión nos hacía callar,
para que ni un susurro saliera de nuestros labios sellados por los astros,
y todos los pensamientos se detuvieran en un mudo respeto,
encogidos ante las sombras de carbón de rocas y árboles,
como si el antiguo paisaje nos enviara a su voluntad
a vagar por aquellos silenciosos bosques y campos iluminados por la luna?

THE VILLAGE DIARIES

To Jean Chalon

Along the river path the breeze has heaped
up ghostly seeds of poplar into banks
of Maytime snow, like every year.

Your journals speak of this, along with all
you find on hilltop walks or at the springs
or in the square or under favourite trees,

and all that's come and gone or stayed in this
half century of April till September,
when Paris winters summoned you again.

Swallows and nightingales are here, but so
are flies, both friendships and the fallings-out,
the long excursions up Rascaña rock,

or days like when, along the quarry track,
an English couple took you for a tramp
and proffered coins, so well you masked distinction...

Not once you say the obvious: you're here
for him, in his old house of thirteen columns,
gauging love by the sweetness of his snores.

Towards the end, a doubt pares back the joy
of each return: how many Mays are left
to see these ghostly snowdrifts light your path?

Diario rural

A Jean Chalon

A lo largo de la vereda del río la brisa ha amontonado
espectrales semillas de álamo en bancos
de nieve de mayo, como todos los años.

Tus diarios así lo refieren, junto con todo aquello
que encuentras en los paseos hacia las cumbres o en las fuentes
o en la plaza o bajo los más preciados árboles,

y todo lo que se fue y lo que quedó en este
medio siglo de abril a septiembre
cuando los inviernos de París te convocaban de nuevo.

Las golondrinas y los ruiseñores aquí quedaron,
pero las moscas también, tanto las amistades como los desengaños,
las largas excursiones por la cresta de Rascaña,

o días como cuando, en la pista de la cantera,
una pareja inglesa te tomó por vagabundo
y te ofrecieron limosna, tan bien disimulabas tu distinción...

Ni una sola vez dijiste lo obvio: que estabas aquí
por él, en su vieja casa de trece columnas,
midiendo el amor por la dulzura de sus ronquidos.

Hacia el final, una duda recorta la alegría
de cada regreso: ¿cuántos meses de mayo más
podrás volver para ver esos neveros fantasmales iluminando tu camino?

Sweeter unheard

We'll soon forget it's there, that small hushed world
of close-up sounds, soft sounds, sharp sounds, dull thud

or knock or pulsing low-pitched whir, whistlings
like a switch of birch, or swirling, gurgling sounds,

low rattlings, clink and clank or twang of things
not heard from afar, all bound by nearness.

Think patient click of shears along a hedge,
firm scrape of hoe that loosens from hard earth

both plant and root, sharp spade tearing into
sandy soil to turn and slap the yielding sod,

think patter of scuttering squirrels from
the pine's bed of needles up to a top limb,

the rap of heavy pole on olive-branch,
pittering scatter of the swollen fruits,

think swish of well-honed scythes through waist-high grass,
or rustle of hands harvesting the vines

then thud of grapes tumbled from the back-borne
bins to high oak vats atop a ladder,

think fallen timber yielding to the rasp
of hand-saw and to crack of well-swung axe,

the swoosh of pumped-up tyres and creaking gears
in unhurried progress through the silent lanes,

think flutter and splash of ducks at lift-off
from a pond, or the once unchallenged notes

of nightingales, heard in stillness, before
the motored seasons brought their screech or whine,

their roaring echo off our valley's sides,
the searing wail that ripped through every wood,

and sank the heritage of close-up sounds
beneath its pall of unforgiving noise.

Dulces melodías del silencio

Está ahí, pronto lo olvidaremos, ese pequeño mundo acallado,
de sonidos cercanos, cotidianos, suaves, agudos, golpes sordos

hundiéndose, un runrún palpitante, seco, silbidos
como de vara de abedul en espiral, un gorgoteo,

un traqueteo bajo, el tintineo de objetos varios
que no se oyen desde lejos, ceñidos a lo cercano.

Recordemos el chasquido paciente de las tijeras en el seto,
el firme raspado de la azada desprendiendo de la tierra dura

tanto la planta como la raíz, la pala afilada desgarrando
el suelo arenoso para voltear los terrones de la tierra,

recordemos el repicar de las ardillas que revolotean desde
su lecho de agujas de pino, el ascenso hasta una rama superior,

el golpe de la pesada vara sobre la rama del olivo,
el columpiarse de los frutos hinchados, dispersos,

recordemos el movimiento de las afiladas guadañas, la alta hierba
cubriendo hasta la cintura, o el susurro de las manos que cosechan
[las vides

y el peso sordo de los racimos cayendo desde los cuencos en los
[hombros
a las hondas cubas de roble en lo alto de una escalera,

recordemos la madera caída que cede ante el rechinar
de la sierra de mano y al chasquido de un hacha bien blandida,

el silbido de los neumáticos prietos y las marchas chirriantes
en un adelantamiento sin prisa a través de los carriles silenciosos,

recordemos el aleteo, el chapoteo de los patos al alzar el vuelo
en un estanque, o las notas antaño indiscutibles

de los ruiseñores, oídas en la quietud, antes de que las máquinas
nos trajeran en cada estación su chillido o gemido,

el eco de sus rugidos en las laderas de nuestro valle,
el lamento abrasador que rasgaba cada bosque,

y hundía la herencia de los sonidos cercanos, cotidianos,
bajo su manto de ruido implacable.

BESTIARY

I know I read it to you once, that fable
of the turtle dove I'd dug up from some
medieval tome, and I remember
how you listened: the scorn of higher
science hovered on your lips, but not a word
came from them during or after, however much
the fanciful view of Nature must have jarred,
that made out birds and beasts were moral mirrors
showing how we humans err, and offered
tales exemplary for us to ponder.

The story was about the faithful hen.
One day her mate does not return: at once
she knows he's taken. And that for her must mean
the end of love. She'll pair with no one else,
not ever. She turns from running streams to slake
her thirst in puddles, stirs up mud with claw
and beak before she drinks. She'll leave their nest
with eggs unhatched, and seek some naked branch
where cold winds keen and Spring will never bud.
And there, alone, folds wings and waits for death.

Perhaps you never thought of it again,
not consciously, not like it held some meaning
you could ever bring to bear upon your life.
And yet, for those last widowed years (the house
sold off, the money banked, a narrow flat
your sudden inexplicable entombment,
the urgings from your friends ignored with smiles,
all shows of interest scotched from men like me,
and you just shrinking, sinking into grief),
that tale ... it's like you knew it off by heart.

Bestiario

Sé que alguna vez te la leí, esa fábula
de las tórtolas que había desenterrado de algún
tomo medieval, y recuerdo
cómo la escuchaste: el desprecio de la ciencia superior
rondaba por tus labios, pero ni una palabra
salió de ellos durante o después de la narración, por mucho que
la visión fantasiosa de la Naturaleza debió de desconcertarte,
los pájaros y las bestias como espejos morales
mostrando cuánto erramos los humanos, y ofreciendo
cuentos ejemplares para la reflexión.

La historia trataba de la tórtola fiel.
Un día su pareja no vuelve: enseguida
sabe que lo han cazado. Y que eso significa
para ella el fin del amor. No se apareará con nadie más,
nunca. Se aleja de los arroyos para saciar
su sed en los charcos, remueve el barro con las garras
y el pico antes de beber. Dejará su nido
con los huevos sin incubar, y buscará alguna rama desnuda
donde los vientos fríos se agudicen y la primavera nunca vuelva a brotar.
Allí, sola, replegará las alas y esperará a la muerte.

Tal vez no volviste a pensarlo,
no conscientemente, no como si aquello pudiera aportar
alguna enseñanza a tu vida.
Y, sin embargo, durante esos últimos años de viudez (la casa
vendida, el dinero guardado en el banco, un piso estrecho
convertido en tu repentina e inexplicable sepultura,
las peticiones de los amigos ignoradas con sonrisas,
todas las muestras de interés escamoteadas de hombres como yo,
y tú encogiéndote, hundiéndote en la pena),
ese cuento... es como si lo hubieras sabido de memoria.

The tanner's wife

(Gandía, 1434)

We never had a decent life, not us,
squatting on the outer edge of town, shunned
because of all the dung and piss that's used
to turn rough skins into the leather needed
by the trades. Bootmakers, tailors, saddlers,
they'd all be out of work if not for him.
Yet people curse us for the stench.
                                    More years
than I can count he's stirred his mixtures, pounding
hides with stumps or feet, scraped off the softened hair,
then washed and stretched the stinking skins until
it's done, and curriers come to buy them,
cutting the price for all they're worth.
                                    Now this.
A sudden sickness keeps him to our bed.
His mangy pelt has shrunk upon its frame
of sinking bones. His head turns to me only
when I speak, but not the frosted eyes.

Our only son sent off to wield his crossbow
in some distant war, two years and still no word,
our daughters in their townships, wed and bairned,
far off, where not a whiff of family smell
can reach.
          "What now?", he groans, as if I had
the answer to old age and maladies
no simples and no medicine could cure.
"What shall I do? My business: what of that?"

A life spent in the vapours of his vats,
while I kept to my kitchen and my hens
and ran his house and tended all our plot,
and raised the infants Death has let us keep.

No point in asking what becomes of me.

LA MUJER DEL CURTIDOR

(Gandía, 1434)

Nunca tuvimos una vida decente, nosotros no,
relegados a las afueras de la ciudad, marginados
a causa de todo el estiércol y la orina vertidos
para convertir las pieles ásperas en el cuero necesario
para los oficios. Zapateros, sastres, guarnicioneros,
ninguno tendría trabajo si no fuera por él.
Y, aun así, la gente nos maldice por el hedor.
                                          Más años
de los que pudiera yo contar ha estado él revolviendo sus
                                          [mejunjes, golpeando
los pellejos con las mazas, con los pies, raspando el pelo reblandecido,
para luego lavar y estirar las pieles malolientes hasta
dejarlas listas, y los peleteros que venían a comprarlas,
rebajándole el precio hasta el mínimo.
                                          Y ahora esto.
Una enfermedad repentina lo ha dejado postrado en la cama.
Su pellejo sarnoso se va encogiendo sobre la armazón
de sus huesos hundidos. Cuando hablo, vuelve la cabeza
hacia mí, pero no sus ojos escarchados.

Nuestro único hijo marchó a disparar su ballesta
en alguna guerra lejana, dos años y aún no sabemos nada de él,
y nuestras hijas en sus pueblos, casadas y con chiquillos,
lejos, donde no pueda llegarles ni el más leve aroma
de esta familia.
                        «¿Y ahora qué?», gime, como si
tuviera yo respuesta a los padecimientos, a la vejez
que ni hierbas ni medicina podrían curar.
«¿Qué voy a hacer? ¿Y mi negocio, qué?»

Una vida transcurrida entre los vapores de las cubas,
mientras yo me dedicaba a la cocina y a las gallinas
y dirigía su casa y cuidaba de nuestra parcela
y criaba a los niños que la Muerte nos permitió conservar.

Apenas tiene sentido preguntar qué va a ser de mí.

Captain Aldana faces the end

(Missing in action, battle of Ksar el Kebir, 1578)

A swollen desert moon outlines the shape
of enemy tents and soldiers, the restless
background shadow of their mounts. He's been
among them in disguise and knows it's all
a feint to feed false hopes about their strength,
loyalties broken, dissension among tribes.

He's tried before to tell the fervent king
that this crusade could fail: they'd never have
sufficient arms and men if they must ferry
everything across the straits: their waggons,
horse, supplies, unwieldly cannons with their shot.
This youth's blind faith will push them to their doom.

And so he's forced to lead choice troops to where
they'll fight alongside mercenary dogs,
knowing they'll have to face with sinking hearts
the countless horsemen as they roll across
those crouching hills, crash down upon them,
and sweep them all away without a trace.

El capitán Aldana se enfrenta a su fin

(Desaparecido en combate,
batalla de Alcazarquivir, 1578)

Una oronda luna en el desierto perfila la forma
de las tiendas y de las huestes enemigas, la inquieta
sombra que proyectan sus monturas. Él anduvo
entre ellos, encubierto, y sabe que todo es
una treta para alimentar falsas esperanzas sobre sus fuerzas,
las lealtades rotas, las desavenencias entre las tribus.

Ya ha intentado antes advertir al rey, tan fervoroso,
de que esta cruzada podría fracasar: nunca tendrían
armas ni hombres suficientes si tuvieran que transportarlo
todo a través del estrecho: los carros,
los caballos, las provisiones, los aparatosos cañones con la munición.
La fe ciega de este jovenzuelo los empuja hacia su destino.

Y así se ve obligado a conducir a las tropas de élite adonde
lucharán junto a perros mercenarios,
sabiendo que tendrán que enfrentarse, descorazonados,
a hordas de jinetes que se desplegarán
por aquellas dunas agazapadas, y se lanzarán sobre ellos
al ataque hasta barrerlos, sin dejar rastro.

Facing up

"Your choice", the marshall says, points out two men
across the field strapping on their armour,
impatient for the lists. "Decide which one
you'd like to fight. An honour, either way".

The first is two hands bigger, height and chest,
a courtly-mannered type, but gives no quarter
in a fight: six knights he's lanced and left them all
for dead. They say he cannot help his strength.

The other one I've never seen before.
Exuding well-honed power. Muscular. Big.
His surly gaze is sizing up the odds.

All know the truth: I am no match. The fever
raged within me till the Spring, and I'm left
drained, an empty wine-skin. Cannot wield my sword
with that rare strength that's saved me many times.

I'll tell my squire to bring a stool, then wait
until this spinning in my head has passed,
and then decide who'll make the final blow.

Plantar cara

«Tú eliges», dice el mariscal, mientras señala a dos hombres
al otro lado del campo, que se ajustan las armaduras,
impacientes ante la prueba. «Decide contra quién
prefieres batirte. Será un honor igualmente».

El primero me saca dos palmos, de altura y de pecho,
con modales cortesanos, no parece dar tregua
en el campo: ha alanceado ya a seis caballeros y los dio a todos
por muertos. Ni él mismo puede reprimir su ímpetu, dicen.

Al otro no lo había visto nunca.
Exhibe cierta fortaleza muy bien afinada. Musculoso. Enorme.
Su hosca mirada evalúa las probabilidades.

Todos lo saben: no soy rival. La fiebre
se apoderó de mí hasta la primavera, y quedé
exánime, un odre vacío. No puedo blandir mi espada
con esa fuerza inusitada que tantas veces me ha salvado.

Le diré a mi escudero que traiga un taburete, luego esperaré
a que se me pase este leve mareo en la cabeza,
y entonces decidiré quién me ha de asestar la postrera estocada.

CHASM

A glimpse of track he's never seen before
has sent him down an unexpected bank,
then on into a narrowing valley

so full of gloom he thinks at first it's just
a trick of winter light or the sudden
dread of maplessness. Arching brambles mark

the course of water winding to a distant
wall of darker green, but bearings he's taken
under midday sun evaporate in mist.

The path, choked up with rocks and tussocks, seems
to pull him headlong, river-like, down its course,
and he strains his mind on keeping his feet,

but thoughts come with their own mode of anguish:
now freezing sweat, now pounding heart, the stark
encounter with childhood fears long buried.

And soon a growing certainty takes hold
that there's no going back, just on, through dreams,
through memories, weighing down his every step.

Darkness hovers at the edge of day, doesn't
tilt him into night, just bides its time
as he stumbles on through the clumps and the cracks.

BARRANCO

Un atisbo de sendero nunca antes vislumbrado
le ha llevado a descender por la inesperada cuesta
que, súbita, desemboca en un estrecho valle

de semejante oscuridad que al principio pensaba que era solo
un efecto de la luz del invierno o el temor
repentino ante la ausencia de mapa. Un arco de zarzas señala

el curso de las aguas serpenteando hasta un lejano
muro de un verde más oscuro, pero las señales entrevistas
bajo el sol del mediodía se evaporan en la niebla.

El camino, atascado de rocas y matojos, parece
arrastrarlo de cabeza como un río por su curso,
y él se esfuerza, concentrado, por mantenerse en pie,

pero los pensamientos aparecen con su propio poso de angustia:
primero el sudor helado, luego las palpitaciones, el descarnado
encuentro con los miedos de la infancia largamente enterrados.

Y enseguida una creciente certeza dictamina
que ya no hay vuelta atrás, tan solo seguir, a través de sueños
y recuerdos que pesan sobre él a cada paso.

La oscuridad se cierne sobre el final del día,
paciente, amenazante, sin acogerlo aún en la noche,
mientras él avanza, tambaleándose, entre matorrales, entre grietas.

THE PATIENT TO HIS ANALYST

"These dreams I have: they're full of just-missed trains,
the gaffes I've made, friends slighted or betrayed
a distant age before, of all I've done
or should have done, that makes me cringe with shame...

A recurring one is lit by arctic light
and there's me dithering if I should wait
or jump while others master steadiness
before the cracks and take their chasm-leap.

See how my sleeping self just calls my bluff?
I thought by working on the outer me
I'd come to believe it as many do,
and so would rise above the mess beneath.

But no: each night my head reviews once more
a thousand things about me to abhor".

EL PACIENTE A SU ANALISTA

«Todos esos sueños: trenes perdidos en el último momento,
deslices, torpezas, amigos desoídos, traicionados
en épocas lejanas, todo lo que he hecho,
lo que debería haber hecho, lo que me hace sentir tanta vergüenza...

Uno muy recurrente, envuelto en una luz ártica
me tiene ahí titubeando, sin saber si tengo que esperar
o abalanzarme mientras otros mantienen la compostura
ante las grietas y saltan el abismo.

¿Ve cómo mi yo durmiente me retrata?
Pensé que trabajando en mi yo externo
llegaría a creer en él —como tantos otros—
y así me elevaría por encima del desastre que cubre.

Pero no: cada noche mi cabeza repasa una vez más
todo lo que hay de aborrecible en mí».

ONE LAST LOOK

The lips move, and there's the same off-centre smile:
the woman of the girl who waved goodbye
astride a wall some threescore years ago.

The next one mouths no words. But here's that stab
of eyes that never lost their childhood spite.
He hovers at the breathless glass, then turns.

Now him! Was muscled arrogance once, all turned
to barrelled fat. Seems puzzled at the firmness
of my jaw. A scowl, a sneer, then passes on.

The next would always gush banalities.
What now? Some tiresome platitudes on parting?
I'm thankful that he can't be heard from here.

Or her. What? So has she come to peck and gloat?
She twists her head and flaps the black-rinse hair,
but finds no carrion worth a closer view.

Time for his baleful smirk. Are those glistenings
in the downcast eyes, or just the twinkling hope
(misplaced, he'll learn) of an inheritance?

Another and another and another,
each shuffles past or sidles up to peer
within, sharing only a perplexity

about what draws them to my side: the face
they try but just can't read, that's held them here,
imagining thought behind a lidded stare.

UNA ÚLTIMA MIRADA

Los labios se mueven, con la misma sonrisa descolocada:
la de aquella chica, ahora mujer, que me decía adiós con la mano,
a horcajadas sobre un muro, hace sesenta años.

El siguiente no pronuncia palabra alguna. Pero ahí está
esa mirada punzante que nunca perdió su rencor infantil.
Se cierne sobre el frío cristal y luego se marcha.

¡Y ahora este! Alguna vez lució cierta arrogancia musculosa,
convertida ya en grasa de barril. Parece desconcertado por la firmeza
de mi mandíbula. Frunce el ceño, una mueca de desdén, y pasa.

El siguiente, siempre propenso a la banalidad.
¿Ahora también? ¿Algún tópico cansino sobre las despedidas?
Agradezco que no se le oiga desde aquí.

Ni a ella. ¿Así que ha venido a presumir y escarbar?
Vuelve la cabeza y sacude su pelo negro tintado,
pero no encuentra carroña alguna que despierte su interés.

Otro más, este con su sonrisa torva. ¿Son destellos llorosos
en sus ojos abatidos, o solo el parpadeo de una esperanza
(error, por fin lo sabrá) ante una próxima herencia?

Y así uno y otro y otro
arrastran los pies o miran al interior
furtivamente, compartiendo solo una perplejidad

sobre lo que les atrae hacia mí: el rostro
que intentan pero no pueden leer, y que aquí los retiene,
atribuyendo pensamientos a los párpados cerrados.

EMILY

Incongruous, of course, to read her here:
this house with distant glimpses
of the Old World's central sea

that was, for her, another splurge
of blue upon a college map
or just a wine-dark classical allusion.

God apart, not meant for other eyes,
and few allowed to see them
while she breathed. All written

in the single intimacy of homestead
rooms with escritoires and knock-first
doors, then locked away,

and like so many millions
of poems orphaned by the modern age
– each day a million more –

unknown, unshared, solitary
dialogues with the conscious self
striving to turn the wonder into art.

But then those "fascicles" were pinned
post mortem to daguerrotypes,
clamoured for, labelled

– with a State's, a Nation's pride –
as local and home-made,
like chowder, corn or cranberries.

Though for her the unread Whitman
was "disgraceful", here's the same
raw drive, a *pent-up aching river*

nagging at the lace and stays,
a longing never quieted behind
the shuttered light,

the words wrenched out in starts
by that fierce squeezed-in mind
that prodded – at the boundaries – of sense –

behind the prim – peculiar –
picket fence – the impenetrable –
mystery – of her dashes –

EMILY

Resulta, sin duda, incongruente, leerlos aquí:
en esta casa con vistas
al mar central del Viejo Mundo

que sería, para ella, una mancha más
de color azul en un mapa universitario
o simplemente una alusión clásica de color vinoso.

No destinados a otros ojos, aparte de los de Dios,
a pocos se les permitió verlos
mientras ella aún alentaba. Todo escrito

en la sola intimidad de habitaciones
con escritorios y puertas nunca abiertas
sin permiso, y luego guardado,

y como tantos millones
de poemas huérfanos en esta era moderna
—cada día un millón más—,

desconocidos, nunca compartidos, diálogos
solitarios con el yo consciente,
esforzados en convertir el deslumbramiento en arte.

Pero entonces esos «fascículos» se clavaron
post mortem a su daguerrotipo,
recitados, voceados, etiquetados

—con el orgullo de un Estado, de una Nación—
como producto local, casero,
como la sopa de pescado, el maíz o los arándanos.

Aunque, para ella, Whitman, al que nunca leyó,
era «vergonzoso», aquí está el mismo crudo
impulso, *un hiriente río retenido*

que se queja de los encajes y las estancias,
un anhelo nunca apaciguado
con las luces apagadas,

las palabras desgarradas en arranques
por una mente ferozmente concisa
que punzó – en los límites – del sentido –

detrás de la remilgada – peculiar –
– impenetrable – valla
del misterio – de sus guiones –

Signet

My father wore it from his earliest youth
until that final morning in the ward.
My mother placed it then
beside her wedding band.
Not once she took it off.

And when from my own sweating hand
it quietly slid away, abandoned me,
I had this made to mimic what I'd lost:
the signet shape without a seal,
the same pale colour of the poor man's gold.

It only lacks the memory of their touch.

Anillo

Mi padre lo llevó desde su primera juventud
hasta aquella última mañana en la sala del hospital.
Mi madre se lo puso entonces
junto a su alianza.
Ni una sola vez se lo quitó.

Y cuando de mi propia mano sudorosa
se deslizó inadvertidamente, abandonándome,
mandé hacer este para imitar lo que había perdido:
la misma forma sin sello alguno,
el mismo color lívido del oro bañado.

Solo le falta el recuerdo de su piel.

EPITHALAMIUM

Let's disregard the claims of *Luck* or *Fate*
As engineers of such a match as ours:
We haven't undergone this life-long wait
As witless thralls of those two dubious powers.

And *Love* can't boast that he has strut his stuff
As comic bowman puncturing young hearts.
Too late for that; time's made these sinews tough,
Indifferent to the mischief of his darts.

Let's just award the credit where it's due:
To us alone. For this bright day comes dear,
Hard-won reward for all the years that you,
That I, have separately held to one idea—

Just this, my bride: that, as there's life and death,
We knew the other, somewhere, must draw breath.

EPITALAMIO

Obviemos los enunciados de *la Suerte* o *el Destino*
cual artífices de un enlace como el nuestro;
no hemos estado esperando toda una vida
como súbditos inanes de esas dos dudosas potencias.

Tampoco *el Amor* podría pavonearse
como ufano arquero de asaetar jóvenes corazones.
Un poco tarde. El tiempo ha endurecido estos músculos,
indiferentes a la malicia de sus dardos.

Adjudiquemos pues el mérito a quien corresponde:
solo a nosotros. Porque este rutilante día llega, ansiado,
como justa recompensa por todos estos años en que tú,
y yo, nos hemos aferrado, por separado, a una idea...

Tan solo esto, amada esposa: al igual que hay muerte y vida,
sabíamos que el otro, en algún lugar, aliento desprendía.

His philosophy

"Every good painting, every genuine poem, bears the stamp of the frame of mind it depicts. For only what has sprung from perception [...] contains the living germ from which genuine and original achievements can result, not only in the plastic and pictorial arts, but also in poetry, and even in philosophy".

Schopenhauer

I

It's a long read. And some of it just can't
apply, not with two centuries of science

between us, and such prejudice, always
personal, irrational: the female

or the French, or all those feted numbskull
parasites of Kant (says he) who couldn't

grasp the master's thought, just mindlessly aped
the failings of his convoluted prose

to mask the fact they'd nothing new to offer.
And sometimes what he says does not add up

(though a few mistakes, he claims, are quite OK
for genius): take his determinism,

for instance, that makes free choice impossible
and seems to leave his ethics obsolete.

And then there's all that pessimism: is it
more than just some personality

disorder? Besides, how can it be squared
with his love of food and drink and women,

the belief in transcendence through great art
that marks out his system from all others?

II

Yet in so much he's surely right. For instance,
when he sees that concepts, as practical

as knives and forks, are mere elaborations
of ideas pure reason can't create alone,

that come from somewhere else, a deeper
part of us where syllogisms pull no weight.

It's there perceptions take their shape, unthought,
unbidden, outside the bounds of argument

or logic, plain truth that wells up from within,
like a pent-up spring forcing a way through,

immediate knowing that bursts complete
upon the mind, unique in its power.

Thinking through concepts comes in afterwards.

Only perception opens up the way:
ask a Mozart where the melodies came from
or that child prodigy how he did the maths.

Einstein with his formula drove home the point:
a leap of faith and then the workings-out.

And don't true poems happen just this way,
born as first lines that seem to come from nowhere?

Su filosofía

Todo buen cuadro, todo auténtico poema, presenta el sello del estado de ánimo que representa. Porque solo lo que ha surgido de la percepción [...] contiene el germen vivo del que pueden brotar resultados auténticos y originales, no solo en las artes plásticas y pictóricas, sino también en la poesía, e incluso en la filosofía.

SCHOPENHAUER

I

Es una lectura compleja. Y hay partes que no se pueden
contrastar, no con dos siglos de ciencia

de por medio, y tantos prejuicios, siempre
personales, irracionales: la mujer

o los franceses, o todos esos paniaguados
parásitos de Kant (dice él) incapaces de comprender

el pensamiento del maestro, que se limitaban a imitar
torpemente los desperfectos de su prosa enrevesada

para ocultar que apenas tenían nada que ofrecer.
Cierto es que, en ocasiones, lo que dice no tiene sentido

(aunque algunos errores, según él, son propios
de un genio): tomemos su determinismo,

por ejemplo, que imposibilita la libre elección
y parece dejar su ética obsoleta.

Y luego todo ese pesimismo: ¿acaso
algo más que un trastorno de la personalidad?

¿Cómo conciliarlo pues con su amor
por la buena mesa, los licores y las mujeres,

la convicción en la trascendencia a través de un arte supremo
que distingue su sistema de todos los demás?

II

Aun así, en muchas cosas no le falta razón. Por ejemplo,
cuando considera que los conceptos, tan útiles

como cuchillos y tenedores, son meras elaboraciones
de ideas que la razón pura no podría crear por sí sola,

que vienen de algún otro lugar, de lo más profundo
de nosotros, de donde los silogismos apenas tienen peso.

Es allí donde las percepciones toman su forma, sin ser pensadas,
sin ser requeridas, fuera de los límites de la argumentación

o de la lógica, pura verdad que brota desde dentro,
como un manantial reprimido que se abre paso,

un conocimiento inmediato que irrumpe por completo,
único en su poder, hacia la mente.

El pensamiento conceptualizado viene después.
Solo la percepción abre el camino:

pregúntale a un Mozart de dónde le vienen las melodías
o a ese niño prodigio cómo resuelve las matemáticas.

Einstein, con su fórmula, lo dejó bastante claro:
un salto de fe y luego la elaboración.

¿Acaso los buenos poemas no suceden así,
con un primer verso sublime que parece salir de la nada?

Thinking the-thing-in-itself

"That of which we are immediately conscious is bounded by the skin [...] Beyond this lies a world of which we have no other knowledge than that gained through pictures in our mind".

Schopenhauer

I

When next I watch the sunset, I'll try this out:
I'll tell myself our star won't really sink,
or come up either, then watch how the event

exactly follows what was taught at school
to me and forty generations back
struggling to deny the evidence of eyes.

I'll need to cast my knowledge as belief
our bit of planet turns away from where
the sun's dispelled the all-pervasive dark.

I'll try, but every time I'm bound to fail:
my instincts baulk at letting go of suns
that set and rise, that rise and set each day,

exactly the way I've never been at peace
with notions like the earth's steady spin beneath
my feet, twirling at a thousand miles an hour

as it zooms round its orbit of the sun.
Plain facts, but counter-intuitive, such that
they've always been impossible to live by.

And so it is with this: the "thing-in-itself",
a world outside the world we reach through senses
and a brain equipped beyond its urgent needs

(the quirk in evolution that explains us).
How do I assume a reality
that has to be deduced, that can't be known

directly, since we lack the wherewithal?
How do I configure a dimension
with no colour, sound, smell, taste or size, not

warm, not cold, smooth or rough, where time and space,
cause and effect, do not exist, beyond
our picturing of all that surrounds us?

II

I might well ask myself why I should care.
After all, some see with equanimity
the fact there's next to nothing we can say

about ourselves, much less the universe
that spawned us, expanding now before our eyes
as fresh computer-generated blobs.

But there's this overpowering sense of wonder
that human brains could ever learn to posit,
through logic and by slow deductive reason,

a world next door we can't describe and yet
must almost certainly exist, because
this sole mammal, recently arrived,

just cannot be the measure of what's real,
of what's out there, the thing-in-itself
we've evolved to infer, not yet to know.

PENSAR *LA COSA EN SÍ MISMA*

*Aquello de lo que somos inmediatamente conscientes está limitado
por la piel [...]. Más allá hay un mundo del que sólo tenemos
conocimiento a través de las imágenes de nuestra mente.*

SCHOPENHAUER

I

La próxima puesta de sol lo intentaré:
convencerme de que nuestra estrella no se hunde
ni tampoco vuelve a salir, y así presenciaré

lo que me enseñaron en la escuela
a mí y a cuarenta generaciones anteriores
que tuvimos que negar la evidencia ante nuestros ojos.

Tendré que aceptar que es así y creer
que nuestra cara del planeta se aleja de donde
el sol ha disipado la penetrante oscuridad.

Sé que estoy destinado siempre a fracasar:
mis instintos se resisten a dejar ir soles
que se ponen y salen, que salen y se ponen cada día,

de la misma manera que nunca me han convencido
nociones como la rotación del planeta bajo
mis pies, girando a mil millas por hora

mientras se desplaza alrededor de la órbita solar.
Hechos innegables pero ilógicos,
que siempre han sido imposibles de asumir.

Y así sucede con esto: la *cosa en sí misma*,
un mundo fuera del mundo que alcanzamos por los sentidos
y un cerebro equipado para más que lo urgente

(un capricho de la evolución que nos distingue).
¿Cómo asumir una realidad
que hay que deducir, que no se puede conocer

directamente, ya que carecemos de medios?
¿Cómo configuro una dimensión
sin color, sonido, olor, sabor o tamaño, ni

cálida, ni fría, ni lisa ni rugosa, donde el tiempo y el espacio,
causa y efecto, no existen, más allá
de la representación de todo lo que nos rodea?

II

Podría también preguntarme por qué importa.
Después de todo, algunos aceptan con tranquilidad
que no sepamos casi nada sobre nosotros mismos,

y mucho menos sobre el universo
que nos engendró, expandiéndose ahora ante nuestros ojos
como manchas frescas generadas por ordenador.

Pero existe esa poderosa intuición del portento
que el cerebro humano pudo aprender a enunciar
a través de la lógica y un lento razonamiento,

un mundo contiguo que no podemos describir y, sin embargo,
debe existir casi con certeza, porque
este único mamífero, recién llegado,

no puede ser la medida de lo real,
de lo que está ahí fuera, la *cosa en sí misma*
que hemos llegado a deducir, no a conocer todavía.

NOTAS

Tres de estos poemas, en su versión inglesa, se han publicado anteriormente: «Abandoned» y «Bestiary» en *For the Sake of the Forest. An Anthology from Stanza Alacant*, ed. Rod Davis (Jávea: McFarlands, 2018), pp. 18-19 y 29, y «Epithalamium» (publicado bajo el título «Sonnet for a Late Marriage») en la revista americana *THINK*, 12 (2022), p. 54.

«Bodegón» (*Still Life*), «Su filosofía» (*His Philosophy*), «Pensar *la cosa en sí misma*» (*Thinking the Thing-in-Itself*).

Estos tres poemas tienen su punto de partida en una lectura, realizada durante la reciente pandemia de covid, de la obra magna de Arthur Schopenhauer, *El mundo como voluntad y representación*.

«Abandono» (*Abandoned*)

Este poema parte de un detalle de un cuadro pintado por Pere Joan de Oromig poco después de 1610. El lienzo (ahora en la Fundación Bancaja, Valencia) muestra la expulsión de los moriscos en 1609. En una parte del cuadro vemos a un padre morisco, a punto de embarcar para el norte de África, que se despide de su hija, la cual deducimos que ya ha sido adoptada por la familia cristiana que la acompaña. *Lela Marién*, como en el *Quijote*, alude a la Virgen María. Uno de los puntos de embarcación fue la playa de Moncófar, desde donde partieron los moriscos de la zona que es ahora el Alto Palancia (Castellón).

«Diario rural» (*The Village Diaries*)
El poema alude a dos selecciones publicadas en 1992 y 2013 de los diarios del distinguido biógrafo Jean Chalon, traducidas por José Antonio Torres. Los diarios se escribieron entre 1973 y 2012 en el pueblo de Navajas (Alto Palancia).

«Dulces melodías del silencio» (*Sweeter Unheard*)
El título se toma de un famoso verso de John Keats en su *Oda sobre una urna griega* (*Ode on a Grecian Urn*): «*Heard melodies are sweet, but those unheard are sweeter*» ('Dulces son las melodías que se oyen, pero las no oídas son más dulces').

«Plantar cara» (*Facing Up*), «La mujer del curtidor» *(The Tanner's Wife)*, «Bestiario» (*Bestiary*)
Estos poemas tienen su punto de partida en los siguientes versos de Ausiàs March. XXVII, 9-12: «*Sí com l'hom flac qui l'és forçat triar / ab qual de dos hòmens forts s'ha combatre, / no sap pensar ab qual deja debatre / e, espaordit, sos comptes no pot far...*» ('Como el hombre débil que se ve forzado a escoger entre dos hombres fuertes para combatir y es incapaz de decidirse por uno de los dos y, despavorido, no sabe qué hacer'); LXXVI, 33-36: «*Sí com l'hom vell, qui en son temps vida ha feta/ sats plaentment, en alguna art apresa, / e per fort cas aquella l'és defesa,/ no sap en què son giny de viure meta*» ('Como el hombre anciano que con gran satisfacción ha empleado toda su vida en algún oficio que ha aprendido y, viéndose privado de él por fuerza mayor, no sabe cómo

se las arreglará para sobrevivir'); XLII 1-8: «*Vós qui sabeu de la tortra·l costum, / e si no ho feu, plàcia'l-vos oir: / quan mort li tol son par, se vol jaquir / d'obres d'amor, ne beu aigua de flum, / ans en los clots ensutza primer l'aigua, / ne·s posa mai en verd arbre fullat...*» ('Vos conocéis el hábito de la tórtola, y si no es así, que os plazca oírlo: cuando la muerte le arrebata a su pareja, abandona la actividad amorosa, y no bebe agua de río sino que en los hoyos ensucia primero el agua, ni se posa jamás en un árbol verde y frondoso...').

«El capitán Aldana se enfrenta a su fin» *(Captain Aldana Faces The End)*
El distinguido militar Francisco de Aldana (1537-1578), que desapareció en la batalla de Alcazarquivir, fue uno de los mejores poetas de su época.

Emily
La estadounidense Emily Dickinson (1830-1886), ahora considerada una de las poetas más importantes de la historia, solo publicó en vida un puñado de los mil ochocientos poemas que escribió y que se encontraron después de su muerte. Vivió toda su vida en Amherst, Connecticut. Consta que nunca leyó a otro gran poeta americano contemporáneo, Walt Whitman, por razones morales. Rechazó algunos aspectos de la puntuación ortográfica tradicional en favor de los guiones

ÍNDICE